Pferde verstehen für Kinder und Erwachsene

Praktisches Pferdewissen einfach dar-
gestellt – inkl. sofort anwendbarer
Übungen für den täglichen Umgang
und eine bessere Kommunikation

Mareike Friese

Alle Ratschläge in diesem Buch wurden sorgfältig erwogen und geprüft. Eine Garantie kann dennoch nicht übernommen werden. Eine Haftung für jegliche Personen-, Sach- und Vermögensschäden ist daher ausgeschlossen. Die Benutzung dieses Buches und die Umsetzung der darin enthaltenen Informationen erfolgt ausdrücklich auf eigenes Risiko.

🐎 INHALT

Das erwartet dich in diesem Buch

S ein Pferd verstehen – welcher Pferdefreund und Reiter wünscht sich das nicht? Seit Pferde unsere Freunde sind, ist der Wunsch, ihr Verhalten und ihre Sprache zu verstehen, groß. „Pferdeflüsterer" werden Menschen genannt, die mit Pferden sprechen können. Das Gute daran: Jeder kann es lernen! In diesem Buch werden Sie das nötige Wissen und praktische Übungen erlernen, die Ihnen helfen werden, Ihr Pony besser zu verstehen und auch mit ihm zu kommunizieren.

Pferde wiehern nicht nur: Jedes Schweifschlagen, jedes Zwinkern und jede Ohrbewegung haben eine Bedeutung. Bevor man die Sprache der Pferde lernen kann, muss man ihre Natur verstehen. Die Welt mit den Sinnen der Pferde zu sehen, wird die Wahrnehmung und das Verständnis eines jeden Pferdefreundes grundlegend ändern. Wer bereit ist, seine Sichtweisen neu zu überdenken, ist hier genau richtig!

Wer sein Pferd verstehen will, wird in diesem Buch die Vokabeln der Pferdesprache lernen und durch praktische Übungen im täglichen Umgang und beim Reiten schnell sicherer und besser werden. Wer seinen Partner Pferd versteht, wird einen Freund fürs Leben haben – ganz ohne Missverständnisse!

Die Geschichte des Pferdes

Um das Verhalten unserer heutigen Hauspferde zu verstehen, ist die Entwicklungsgeschichte der Pferde der erste Schritt. Wer sich den Ursprung der Pferde ansieht, wird schnell feststellen, dass viele Verhaltensweisen und auch ihr Instinkt im Laufe der Evolution entstanden sind, um letztlich das Überleben der Spezies zu sichern. Aber fangen wir von vorne an.

Die ersten Vorfahren des heutigen Hauspferdes gab es bereits vor gut 55 Millionen Jahren. Dieses Urpferd war, im Vergleich zu den heutigen Reitpferden, viel kleiner, hatte gerade einmal die Größe eines

Fuchses und ähnelte einer Antilope ohne Hörner. Es gehörte auch nicht, wie alle heutigen Pferdearten, zu den Einhufern. Das kleine Waldpferdchen besaß vorne vier und hinten drei Zehen. Auf dem weichen Waldboden, unter Sträuchern und Büschen hat es sich vor Fressfeinden versteckt.

Die ersten Pferde waren also noch weit entfernt von ihren heutigen Verwandten. Ihr Fell war braun und hatte eine helle Zeichnung, um unter Blättern perfekt getarnt zu sein. Schimmel, Rappen oder Schecken gab es noch lange nicht. Auch das Gebiss unterschied sich deutlich, denn Urpferde ernährten sich hauptsächlich von den Blättern der Bäume. Fossile dieser Vorfahren unserer Hauspferde entdeckten Forscher erstmals im 19. Jahrhundert sowohl in Europa als auch in Nordamerika. Der amerikanische Forscher Othinel Charles Marsh (1831-1899) gab dem Urpferd den Namen „Morgenrötepferdchen", wissenschaftlich Eohippus.

In Nordamerika fanden Wissenschaftler viele Fossilien dieser Art. Es wird angenommen, dass Nordamerika das Entstehungsgebiet des Pferdes ist. In dieser Zeit vor 55 Millionen Jahren bildeten sich auch die Kontinente, Gebirge und Ozeane immer weiter. Klimabedingungen und Vegetationsveränderungen zwangen alle Tier- und Pflanzenarten, sich weiterzuentwickeln. Überleben konnten nur die Arten, die sich anpassen konnten. So entwickelte sich im Laufe der Evolution aus dem Eohippus letzten Endes das Equus.

Während dieser Evolution wurde das Pferd immer größer, um in der zunehmenden Steppenlandschaft, in der es lebte, einen besseren Überblick zu haben. Die Außenzehen bildeten sich mehr und mehr zurück und entwickelten sich zum Einzelhuf. Dadurch erlangte das Pferd mehr Standfestigkeit und Belastbarkeit.

Da aus den üppigen Wäldern zunehmend Wüsten- und Steppenlandschaften wurden, veränderte sich auch die Lebensart des Pferdes. Es musste sich hauptsächlich von Gräsern ernähren und weite Strecken für Nahrung zurücklegen. Über Millionen von Jahren entwickelte es so längere, kräftige Beine und einen größeren Brustkorb. Damit war das Pferd nun in der Lage, vor Fressfeinden zu fliehen. Es musste sich nicht mehr verstecken, sondern konnte sich ganz auf seine Schnelligkeit verlassen. Das Pferd wurde zum Flucht- und Herdentier.

Die früheren Pferdarten wanderten über alle Kontinente. Die Einhufer gliederten sich in Pferde, Esel, Halbesel und Zebras. Vor circa 6000 bis 8000 Jahren starben in Nordamerika jedoch alle

Pferdearten komplett aus. Die Ursachen dafür sind bis heute nicht komplett erforscht. Fest steht jedoch, erst mit den spanischen Eroberern kamen die Pferde wieder nach Amerika.

Zu den nächsten Verwandten der damaligen Urpferde zählt das asiatische Przewalski-Pferd. Es ist das letzte, heute noch lebende Wildpferd und lebt im heutigen Gebiet der Mongolei in kleinen Herdenverbänden, ganz ohne Einfluss des Menschen.

Hier in den Steppen Asiens begann auch die Beziehung zwischen Menschen und Pferden. Zunächst wurden Pferde nur als Nahrung gesehen und vom Menschen gejagt. Erst 3500 vor Christus begannen die ersten Völker Osteuropas, Wildpferde einzufangen und zu zähmen. In dieser Zeit entdeckten auch die Völker Europas und Nordafrikas, sich die Schnelligkeit und Kraft des Pferdes zunutze zu machen.

Als Lastenträger erwies sich das Pferd als enormer Vorteil. Die Tiere wurden vor ein einfaches Seil gespannt und zogen das Ein- bis Zweifache ihres Gewichts mühelos hinter sich her, das entspricht 400-800 Kilo bei den damaligen, kleineren Steppenponys.

Ein neues Zeitalter brach für die Beziehung zwischen Mensch und Pferd an, als es im Krieg eingesetzt wurde. Die berittenen Völker hatten im Krieg einen entscheidenden Vorteil und begannen, aus den Wildpferden die ersten Rassen zu züchten.

Die Kriegspferde der Wikinger und Kelten zum Beispiel mussten kräftig genug sein, Rüstung und Reiter zu tragen, gleichzeitig aber genügsam und anspruchslos, um auch in kargen Landschaften zu überleben. Die heutigen Islandpferde sind die Nachfahren dieser ersten europäischen Reitponys, die heute noch halbwild auf der Insel leben.

Aber auch im Rest der Welt wurde das Pferd für den Menschen der beste Kamerad im Krieg und die schnellste Möglichkeit im Transport. Mit der immer breiteren Nutzung des Pferdes entstanden die verschiedenen Rassen mit unterschiedlichen Eignungen. Schwere Kaltblüter und Arbeitspferde prägten die Landwirtschaft. Wendige, schnelle Pferde wurden im Transport genutzt und kräftige, aber schnelle Warmblüter im Krieg.

Unersetzlich sind Pferde seit der Erfindung des Motors nicht mehr. So wurde aus dem Nutztier im Lauf der Zeit immer mehr ein treuer Freizeitpartner. Die Nutzung für den Reitsport und im Wettbewerb war zwar schon zu den Zeiten der Ritter populär, die Disziplinen Springen und Dressur entwickelten sich aber erst aus der militärischen Reiterei seit dem 18. Jahrhundert.

Durch seine gemeinsame Geschichte war der Mensch immer mehr auf das Pferd angewiesen und somit auch darauf, es richtig zu verstehen.

Die ersten Reitvölker lernten, die Natur des Pferdes zu verstehen, um es letztlich fangen und zähmen zu können. Die Geschichte des Menschen ist so eng mit dem der Pferde verwoben, dass die Menschen nicht umhinkamen, die Sprache der Pferde zu lernen.

Viele Naturvölker waren bereits vor vielen tausend Jahren in der Lage, mit Pferden auf eine Art und Weise zu kommunizieren und zusammenzuleben, die einen großen Vorteil mit sich brachte. Der Mensch hat über die Jahrhunderte vom Pferd profitiert, ob im Krieg, auf der Jagd oder beim Transport. Wirklich verstehen, was in dem Fluchttier vor sich geht, können heute nur die wenigsten.

Kommunikation von Pferd zu Pferd

Aber wie „sprechen" Pferde untereinander? Wer schon einmal Pferde auf der Weide oder im Herdenverband beobachtet hat, wird feststellen, dass es klare Regeln innerhalb der Gruppe gibt und jedes Tier seinen Platz hat. Egal, ob es darum geht, wer zuerst frisst, trinkt oder wer entscheidet, in welche Richtung die Herde geht. Diese Verhaltensregeln der Pferde zu verstehen, ist ein weiterer Schritt zum Verständnis ihrer Sprache.

Das Pferd ist von Natur aus ein Beutetier, seine Verteidigung ist die Flucht. Wildpferde leben in Herdenverbänden, die Schutz und Sicherheit bieten. In der Herde kommunizieren Pferde ausschließlich über Körpersprache, komplett ohne Laute. Die Körpersprache ist die ursprünglichste Art der Kommunikation durch Gesten und Mimik. In der Herde müssen Pferde lautlos kommunizieren, um zu überleben. Die Kommunikation untereinander findet nur durch Körperbewegung, wie dem Ohrenspiel oder Mimik, statt und nur im Ausnahmefall durch Laute.

Ein Herdenverband setzt sich meist aus einer Leitstute, einem Hengst und anderen Stuten mit ihren Fohlen zusammen. Innerhalb dieser Gruppe herrscht eine klare Hierarchie. Die Rangordnung untereinander wird immer wieder durch klare Signale deutlich gemacht. Nicht nur Wildpferde leben in solch einer Hierarchie, auch unsere Hauspferde pflegen untereinander eine klare Rangordnung.

Die Leitstute ist das erfahrenste Tier der Herde und hat den höchsten Rang. Sie hat die Verantwortung und Führung in der Gruppe. Sie bestimmt, welcher Futterplatz oder welche Wasserstelle angesteuert wird, erzieht die Halbstarken und schützt die Fohlen. Der Leithengst dagegen hat innerhalb der Herde wenig zu sagen. Er deckt lediglich die Stuten und passt auf, dass kein anderer Hengst seine Herde übernimmt. Die Leitstute hat das Sagen, diese klare Führung gibt dem Pferd eine überlebenswichtige

Sicherheit in der Wildnis. Aber auch unsere Haus-pferde leben in dieser Ordnung: Eine Leitstute hat meist das Kommando und die anderen Pferde ver-trauen ihr blind. Im Falle der Flucht würde die Herde immer der Leitstute folgen.

Dieses „blinde Vertrauen" ist das Ziel, welches man auch als Reiter und Pferdemensch erreichen kann, ganz ohne Druck oder gar Gewalt. Denn Pferde sind sehr soziale Tiere, die Sicherheit und Hierarchie der Gruppe ist ihnen wichtiger als die Flucht. Wild-pferde würden alles tun, um den Herdenverband zu-sammenzuhalten. Dieser grundlegende Herdenins-tinkt des Pferdes ist ebenso ausgeprägt wie der Fluchtinstinkt.

Beobachtet man nun Pferde auf der Weide oder dem Paddock, werden einem schnell die grundle-genden Gesten und Signale deutlich, mit denen sie untereinander kommunizieren. Man sieht, wie sie sich gegenseitig verscheuchen, putzen oder spielen. Wie es dem eigenen Pferd geht, wissen die meisten Pferdebesitzer ziemlich schnell. So verschieden sind Menschen und Pferde nämlich gar nicht. Am deut-lichsten ist die Stimmung eines Pferdes im Gesicht, also an Ohren, Augen und Nüstern, abzulesen. Agieren Pferde untereinander, kann man verschie-dene Verhaltensweisen meist direkt aus der Mimik ablesen. Aggression, Angst, Neugier oder Freude sind dabei die wichtigen Grundstimmungen. Grundsätzlich sind Pferde als Pflanzenfresser friedliche Wesen.

Aber besonders innerhalb der Herde ist es für die Leitstute unerlässlich, ihre Position immer wieder deutlich zu machen, da kann es schon einmal zu kleineren Kämpfen kommen. Auch wilde Hengste, die sich die Stuten streitig machen, werden wenig zimperlich miteinander umgehen und können sich bei ihren Auseinandersetzungen sogar ernsthaft verletzen. Pferde sind zwar sensibel, aber keineswegs vorsichtig miteinander und können durchaus aggressives Verhalten zeigen und sich wehren. Es ist also auch für den Menschen wichtig, zu erkennen, wann ein Pferd genug hat und Aggressionen zeigt.

Ein Beispiel: Ein ranghohes Pferd wird ein rangniedriges Pferd von der Futterstelle wegjagen. Dabei wird es mehrere Phasen der Körpersprache nutzen. Zunächst legt es die Ohren an, zieht die Nüstern hoch und senkt den Kopf. Kommt dann noch keine Reaktion, würde das Leittier körperlich werden und das andere Pferd beispielsweise kurz zwicken. Meist ist diese hohe Intensität jedoch nicht nötig und ein Blick oder das bloße darauf Zulaufen veranlasst das rangniedrige Tier dazu, zu weichen.

Angelegte Ohren sind also ein Zeichen für Aggression und den Unmut eines Pferdes, es ist gestresst und reagiert aggressiv. Im Zusammenspiel mit angespannten Nüstern ist diese Stimmung sehr deutlich abzulesen. Das Verhalten der Leitstute gegenüber einem Herdenmitglied zeigt auch, dass Pferde niemals aus dem Nichts angreifen würden. Dies entspricht nicht ihrer Natur als Fluchttier. Es wird vielmehr deutliche Signale durch seine Körpersprache senden und erst im letzten Schritt wirklich körperlich werden, also eben dann, wenn es sonst keine andere Möglichkeit sieht, sich auszudrücken.

Die Angst ist eine weitere wichtige Emotion der Pferde, die man schnell erkennen kann. In der Herde gibt es immer ein Pferd, welches die Rolle des „Aufpassers" übernimmt. Während die anderen grasen oder dösen, achtet es auf mögliche Gefahren – in der Wildnis überlebenswichtig, aber auch auf der Weide verhalten sich Pferde so. Kommt es nun zu einer gefährlichen Situation, wird der ganze Körper in Alarmbereitschaft versetzt. Wenn ein Raubtier angreift, muss das Pferd sofort reagieren. Die Ohren sind stark aufgerichtet, die Nüstern sind weit und die Augen weit aufgerissen. Das Pferd ist am ganzen Körper angespannt und bereit, sofort die Flucht zu ergreifen. Angst oder Fluchtverhalten sind tief verankert im Wesen des Pferdes. Es ist ein Instinkt, der den Tieren das Überleben sichert. Hat ein Pferd Angst, folgt es seinem Instinkt und würde im Zweifel blind davonrennen. Ein ängstliches Pferd handelt also immer nach seinem Instinkt und blendet alles andere praktisch aus. Es wird die Situation nicht mit seinem Verstand bewerten, sondern ganz nach seinem uralten Instinkt handeln: Es flüchtet.

Beobachtet man Pferde auf der Weide, erkennt man jedoch, dass auch hier die Rangordnung innerhalb der Herde eine wichtige Rolle spielt. Die Leitstute ist entspannt am Grasen. Ein junges Pferd aus der Herde erschrickt sich vor einem wehenden Ast. Es bekommt Angst und will fliehen. Meist wird es jedoch nur zur Seite springen und sich schnell wieder beruhigen, wenn die ranghohen Tiere die Situation als nicht gefährlich einschätzen und weiter fressen. Hier vertraut das junge Pferd auf die Leitstute und passt sein Verhalten entsprechend an. Anders verhält es sich umgekehrt. Erschrickt sich die Leitstute und flieht, werden auch die anderen Pferde der Gruppe mit ihr die Flucht ergreifen, auch wenn sie die eigentliche Gefahr gar nicht wahrgenommen haben. Hat das Leittier Gefahr gewittert, spiegelt sich die Anspannung vor der Flucht deutlich im Gesicht des Tieres. Man lernt schnell, die Warnsignale im

Umgang mit Pferden zu erkennen, und man kann so schon beim oder sogar vor dem ersten Schreck des Tieres die vermeintliche Gefahr abwenden.

Trotz ihres Instinktes sind Pferde auch sehr neugierige Tiere. Unbekannte Gegenstände oder neue Pferde auf der Weide werden meist freundlich und neugierig begutachtet. Dabei ist die Mimik des Pferdes entspannt, die Nüstern ruhig und die Ohren freundlich nach vorn gerichtet. Das Pferd wird die Situation durchdenken und neugierig untersuchen. Es setzt sich mit der Situation auseinander und möchte sie verstehen. Ein neugieriges Pferd ist meist freundlich gestimmt und lernwillig.

Will man seinem Pferd zum Beispiel ein neues Hindernis zeigen und führt es mit Ruhe an die neue Aufgabe heran, wird es neugierig den Kopf senken, die Ohren aufstellen und den neuen Gegenstand unter die Lupe nehmen. Wenn dann noch eine Belohnung auf die gelöste Aufgabe folgt, wird ein Pferd schnell lernen, dass sich positive Neugier auszahlt.

Auch Freude zeigt sich durch nach vorn gerichtete Ohren, entspannte Nüstern und einen ruhigen, klaren Blick. Manchmal begrüßen sich Pferde untereinander auch freudig mit einem „Blubbern", einem tiefen Wiehern. Diese Reaktion zeigt ein Pferd nur, wenn es sich auf etwas oder jemanden freut. Wenn man zur Fütterungszeit in den Stall kommt, wird jeder Pferdebesitzer wissen, was einem Pferd Freude macht. Aber auch freundlich nach vorn gerichtete Ohren zu sehen, wenn man auf die Weide kommt, um sein Pferd zu holen, sollte das Ziel eines jeden Reiters sein.

Natürlich kann man die Stimmung eines Pferdes nicht ausschließlich im Gesicht ablesen. Man muss den ganzen Körper betrachten, um Anspannung oder Entspannung zu erkennen. Pferde können so untereinander die kleinsten Regungen eines Herdenmitglieds deuten. Diese subtile und sehr feine Kommunikation ist perfekt abgestimmt. Denn so lesen Pferde auch die Körpersprache von uns Menschen geradezu perfekt und wissen direkt, wie unsere Stimmung ist. Anspannung, Entspannung, Angst und Freude, keine unserer Emotionen bleibt unseren vierbeinigen Freunden verborgen.

Die Sinne des Pferdes

P ferde sehen die Welt naturgemäß etwas anders als Menschen. Wie wir wissen, ist es als Fluchttier auf besonders feine Kommunikation ausgerichtet und das mit all seinen Sinnen. Gehen wir einmal die Sinnesorgane des Pferdes durch, um zu verstehen, wie es seine Welt und Umgebung wahrnimmt. Ein Verständnis für die Sinneswahrnehmung seines Pferdes ist wichtig, um mögliche Missverständnisse zu vermeiden.

DIE OHREN:

Das Pferdeohr ist ein wahres Stimmungsbarometer, aber auch weit mehr als das. Die Form kann dabei je nach Art und Rasse des Pferdes variieren. Sie kann weich und oval oder spitz und rund sein. Der Abstand zwischen den Ohren kann groß sein oder eng, der Aufbau unterscheidet sich nicht. Es baut sich aus drei Teilen zusammen. Das Außenohr, wozu auch der Gehörgang und die Ohrmuschel zählen, kann es immer in die Richtung drehen, aus der das Geräusch kommt. Dadurch kann es die Schwingungen des Geräuschs besser wahrnehmen und direkt in den Gehörgang leiten.

Zum Mittelohr des Pferdes gehören das Trommelfell und die Gehörknöchelchen. Die Schallwellen lassen das Trommelfell und die Gehörknöchelchen vibrieren und das Pferd nimmt den Ton wahr. Dabei sind Pferde in der Lage, Töne in einer Frequenz von 55 Hz bis 33 500 Hz zu hören. Damit können sie viel höhere Töne wahrnehmen als Menschen, die nur bis zu 22.000 Hz hören können.

Zum Innenohr gehören die Schnecke und die Bogengänge. Die Schnecke wandelt die Schallwellen in ein Signal um und leitet es an die Nervenzellen im Gehirn weiter. Pferde hören sehr gut und können durch die Beweglichkeit ihrer Ohren alle möglichen Geräusche um sich herum genaustens lokalisieren und wahrnehmen.

DER GERUCHSSINN:

Mit seinen Nüstern nimmt das Pferd viele Gerüche in der Luft wahr. Das sind kleine Moleküle aus der Luft, die vom Nasensekret aufgefangen und von den Flimmerhärchen in der Nase identifiziert werden. Pferde haben einen größeren Riechkolben als wir Menschen. Der Riechkolben ist der Teil im Gehirn, der für die Gerüche zuständig ist. Daher kann ein Pferd viel differenziertere Gerüche wahrnehmen als Menschen.

Zusätzlich besitzt es das sogenannte Jacobs-Organ. Bei uns Menschen ist dieses Organ vollständig verschwunden, das Pferd ist dadurch aber in der Lage, Pheromone zu riechen. Pheromone sind größere, weniger bewegliche Moleküle als Geruchsmoleküle und können mit Hormonen verglichen werden. Sie spielen besonders bei der Paarung eine Rolle, so kann der Hengst eine Stute mithilfe dieses Geruchsorgans identifizieren. Das Flehmen, bei der das Pferd die Oberlippe hochkräuselt, ist der Moment, wo das Jacobs-Organ zum Einsatz kommt.

Unbekannte oder eben besonders interessante Gerüche kann das Pferd so gezielt erkennen.

DIE AUGEN:

Die Augen des Pferdes sind strukturell ähnlich aufgebaut wie die des Menschen. Allerdings kann es die
Farbe Rot nicht sehen, aber nachts fast so gut wie
Katzen alles erkennen. Die Augen des Pferdes unter-
scheiden sich zu denen des Menschen in zwei wesentlichen Punkten: Die Pupille des Pferdes ist läng-
lich und horizontal.

Durch die längere Pupille hat das Pferd einen
Rundum-Blick. Das wird noch durch die Position der
Augen an der Seite des Kopfes gefördert. Außerdem
haben Pferde andere Lichtsensoren. Zu den Senso-
ren zählen die Stäbchen und die Zapfen. Die Stäbchen sorgen dafür, dass man auch bei wenig Licht etwas sehen kann und die Zapfen bringen Farbe ins
Spiel. Pferde verfügen über mehr Stäbchen als Menschen und können so in der Dunkelheit viel besser
sehen. Dafür fehlen ihnen die roten Zapfen, weshalb
sie eben die Farbe Rot nicht erkennen können.

Trotz der seitlichen Augen können Pferde nicht
komplett um sich sehen. Direkt vor ihnen und hinter
der Kruppe, also direkt hinter sich, können sie nicht

sehen. Springt man also mit seinem Pferd über ein rotes Hindernis, kann das Pferd weder die Farbe des Hindernisses noch es selbst sehen, wenn es kurz vor dem Absprung ist. Beim Führen mit gesenktem Kopf sieht das Pferd so zum Beispiel nur den Boden vor sich und muss sich deshalb auf die Augen seines Menschen verlassen. In der Dunkelheit können sie zwar besser sehen, brauchen aber, wie wir Menschen 20-30 Minuten, um sich an die Lichtverhältnisse zu gewöhnen.

DER TASTSINN:

Einer der wichtigsten Sinne in der Kommunikation der Pferde ist das Fühlen. Pferde haben sensible Körperregionen wie das Maul und die Tasthaare. Über den ganzen Körper können Pferde aber kleinste Berührungen wahrnehmen. Landet zum Beispiel eine Fliege auf seinem Rücken, merkt dies jedes Pferd. Auf feinsten Druck reagieren Pferde gezielt. So können sie auch auf kleinste Hilfen des Menschen reagieren. Natürlich unterscheidet sich das von Pferd zu Pferd, grundsätzlich sind Pferde aber sehr sensible Tiere, die besonders fein auf Berührungen und auf kleinsten Druck reagieren.

Mensch und Pferd

N ach diesem Exkurs in die Welt der Pferde widmen wir uns nun der Kommunikation zwischen Mensch und Pferd. Als Grundlage der Kommunikation ist eine deutliche, klare Signalgebung wichtig sowie das gegenseitige Verstehen der jeweiligen „Sprache."

Wir müssen uns dem Pferd also so mitteilen, dass es uns verstehen kann. Mit dem Wissen über seine Natur und Kommunikationsform ist ein wichtiger Schritt getan. Der Mensch sollte im Zusammensein mit dem Pferd immer die Rolle des Führenden, also die des Leitieres übernehmen. Dabei sind besonders die Körperposition, Haltung und Wahrnehmung von Berührungen für das Pferd entscheidend, weniger wichtig sind akustische Signale. Das fängt schon mit dem Betreten der Weide an. Ein entschlossenes, klares und ruhiges Auftreten signalisiert dem Pferd direkt, dass der Mensch weiß, was er tut, und sich sicher ist. Es wird gerne bereit sein, zu folgen, und sich aufhalftern lassen.

Genauso würde ein Pferd jedoch auch den geringsten Zweifel oder die geringste Unsicherheit des Menschen wahrnehmen und vermutlich gar nicht mitkommen oder erst überredet werden müssen. Dieses einfache, alltägliche Beispiel zeigt, dass Kommunikation bereits anfängt, sobald man mit einem Pferd in Kontakt tritt. Die Verständigung ist nur möglich, weil beide Arten in Sozialverbänden leben. Deshalb ist es für uns Menschen möglich, vom Pferd als Leittier anerkannt zu werden.

Dabei weiß das Pferd als Fluchttier immer, dass wir kein Pferd sind, sondern eben Menschen. Als Menschen sind wir von Natur aus Jäger und somit, aus der Sicht des Pferdes, Raubtiere. Wir verhalten uns auch dementsprechend. Das beginnt schon mit dem Blickkontakt. Unter uns Menschen ist es höflich und gern gesehen, dem anderen in die Augen zu schauen. Ein wild lebendes Pferd würde, schaute man ihm direkt in die Augen, sofort weichen oder sogar fliehen. Ist man ihm frontal zugewandt und hält den Blickkontakt, weicht das Pferd. Es weicht dem bedrohlichen Verhalten aus. Unsere Hauspferde reagieren, je nach Charakter, ähnlich. Als Menschen müssen wir uns dieser Dinge bewusst werden und quasi ein bisschen gegen unsere Natur agieren. Wir müssen in der Kommunikation mit den Pferden lernen, uns bewusster und klarer zu bewegen. Ziel der Kommunikation ist es, das Pferd als Partner zu gewinnen. Akzeptiert und respektiert es den Menschen als führend, wird es gerne bereit sein, uns zu folgen und Neues zu lernen.

Die traditionellen Wege der Menschen, sich Pferde als Reittier gefügig zu machen, gingen meist über Gewalt und Druck. Das Pferd „brechen" nennen es die Cowboys treffend. Noch vor 50 Jahren war es ganz normal für Reiter, die Pferde im Alter von circa 3 Jahren oder jünger auszubilden. Pferde, die nicht richtig auf die Forderungen des Menschen reagierten, wurden bestraft.

Aus Angst und Furcht kann man sicher einen Zustand erreichen, in dem das Pferd gehorcht, aber sicher kein Pferd, das willig und gerne bei der Arbeit ist. Auch in der militärischen Reiterei ist der traditionelle Ausbildungsweg für die Pferde häufig von Schmerz und Gewalt geprägt. Das Pferd fügt sich letztlich seinem Schicksal.

Zum Glück hat in der Reiterwelt ein Umdenken stattgefunden. Heute setzen viele Ausbilder auf eine schonende und pferdefreundliche Form der Ausbildung.

So verstehst du dein Pferd

Das Verstehen der Pferdesprache und das Erkennen ihrer Natur ermöglicht uns einen ganz neuen Zugang zum Partner Pferd. Dieses Ziel können wir komplett ohne Gewalt erreichen. Wir wollen uns also im Folgenden den wichtigen „Vokabeln" der Pferdsprache widmen.

Eine der grundlegenden Arbeiten findet dabei oft im Roundpen statt. So nennt man einen Sandplatz, der kreisrund eingezäunt ist und circa einen Durchmesser von 15 Metern hat. Hier begegnen sich Pferd und Mensch frei, also ohne Strick oder Trense. Das Pferd hat die Chance, zu fliehen, das heißt, es

läuft im Kreis um den Menschen in der Mitte herum. Dieser hat durch die Kreisform immer direkten Einfluss auf das Pferd und kann auf effektive Art und Weise in einen Dialog mit dem Pferd treten, ohne es in Bedrängnis oder Angst zu versetzen.

Wie wir Menschen haben auch Pferde unterschiedliche Persönlichkeiten und Charaktere und kommunizieren daher auch nicht alle gleich. Im täglichen Umgang oder beim einfachen Beobachten des eigenen Pferdes mit Artgenossen wird jeder Pferdefreund die Eigenarten erkennen. Die folgenden „Vokabeln" sind daher vor allem als Richtlinie zu sehen und können helfen, den Umgang zu erleichtern, und das Verständnis für manches Verhalten erklären.

1. Der peitschende Schweif

Der Schweif ist für ein Pferd ein wichtiger Schutz vor Fliegen und Insekten. Pferde können damit Stellen auf dem Rücken oder sogar unter dem Bauch erreichen und so lästige Bremsen und Fliegen loswerden. Das ist jedoch nicht der einzige Grund, warum sie mit dem Schweif schlagen. Manchmal tun sie es auch, wenn gar keine Insekten da sind. Dann kann es ein Anzeichen dafür sein, dass sich das Pferd ärgert, sich gestört und unwohl fühlt. Vor allem beim Reiten oder der Bodenarbeit wird es jedem Reiter schon einmal aufgefallen sein. Dann kann durchaus der Reiter gemeint sein, der zu grob ist oder zu viel verlangt. Wer auf den Schweif seines Pferdes achtet, wird schnell merken, wenn ihm etwas zu viel wird, und kann entsprechend reagieren.

2. angelegte Ohren

Angelegte Ohren sind oft ein Zeichen von Aggression. Legt ein Pferd die Ohren flach an den Kopf an, sollte man ihm lieber aus dem Weg gehen. Nur nach hinten gerichtete Ohren hingegen zeigen, wo die Aufmerksamkeit des Pferdes liegt, wenn sich also etwas hinter ihm abspielt, was es nicht sehen kann. Aggressives Verhalten erkennt man also an flach angelegten Ohren, oft ist das Maul zudem angespannt und der Blick starr. Hier sollte man besser vorsichtig sein und den Grund dieser „Verstimmung" finden. Legt das Pferd beispielsweise immer beim Satteln die Ohren flach an, ist die Aggression nicht gegen den Menschen, sondern den Sattel gerichtet. Es hat möglicherweise Schmerzen beim Zuziehen des Gurtes erfahren. Hier sollte sofort vermieden werden, den Gurt zu fest zuzuziehen, und dem Pferd sollte Zeit gegeben werden, sich wieder zu entspannen.

3. Stampfen

Eine klassische Situation. Man putzt sein Pferd am Putzplatz und währenddessen stampft es mit dem Huf auf. Meist ist es in dieser Situation ein Zeichen von Ungeduld. Es möchte lieber zurück auf die Weide zu den anderen Pferden. Hebt es stattdessen nur ein Bein an, kann man es auch als Warnung verstehen. Das Pferd findet die Situation oder zum Beispiel das Hufegeben unangenehm und warnt vor einem Tritt. Man sollte also genauestens darauf achten, wie die Grundstimmung des Pferdes ist. Wenn es im Gesicht und Körper angespannt und verkrampft ist, kann schnell eine gefährliche Situation entstehen.

4. Kopfschlagen

Eine der wohl am schwierigsten zu deutenden Verhaltensweisen vieler Pferde ist das Schlagen mit dem Kopf. Während es auf der Weide oder unter Pferden oft nur zum Verscheuchen der Fliegen dient, kann es in der Arbeit mit dem Menschen viele Ursachen haben. Es kann ein Zeichen für Unmut und Ungeduld sein. Beim Reiten kann ein Pferd so aber auch Stress und Überforderung signalisieren. Hier macht der Reiter etwas falsch und es liegt am Menschen, die Situation zu entspannen. Auf diese Art und Weise versucht es, sich vorsorglich zur Wehr zu setzen und beispielsweise der Zügelhilfe zu entgehen. Hier sollte man auf jeden Fall sich selbst korrigieren. Es kann auch ein durch falsches Reiten erlerntes Verhalten sein. Das Pferd rechnet mit Stress und äußert diesen über das Kopfschlagen. Dann sollte man im Training gezielt daran arbeiten, dass sich das Pferd bei der Arbeit nicht verspannt, und einen Schritt zurückgehen. So ein Verhalten kann sich schnell zu einer Verhaltensstörung entwickeln. Pferde, die viele Stunden am Tag in der Box gehalten werden, zeigen ein Kopfschlagen als Zeichen von Stress durch falsche Haltung. Es kann also viele Ursachen haben, die in jedem Fall berücksichtigt und untersucht werden sollten.

5. Wegschauen

Als Fluchttiere sind Pferde sehr aufmerksam und haben ihre Sinne praktisch überall. Arbeitet man nun mit seinem Pferd am Boden, kann es passieren, dass es wegschaut. Hier ist keinesfalls eine Respektlosigkeit vorhanden, sondern lediglich hat das Pferd die Aufmerksamkeit auf ein Geräusch oder eine unbekannte Bewegung gerichtet. Es handelt also aus seiner Natur heraus und versucht, zu schauen, ob Gefahr droht. Natürlich sollte ein Pferd die Konzentration bei der Arbeit auf seinen Menschen richten. Auch in der direkten Kommunikation kann es sein, dass das Pferd den Kopf wegdreht, aber die Ohren noch zum Menschen gerichtet hat. In diesem Fall ist das Wegschauen als positive Geste zu deuten. Das Pferd ist mit voller Aufmerksamkeit bei dir und signalisiert durch das Wegdrehen des Kopfes eine Beschwichtigung. Es ist dann bereit, zuzuhören und zu folgen. Dieses Verhalten ist ein Schritt zur richtigen Kommunikation und erstrebenswert.

Ob es sich nun um eine gedankliche „Auszeit" deines Pferdes handelt oder eine respektvolle Geste, wirst du deutlich an der Stellung der Ohren erkennen. Die Richtung der Ohren zeigt, worauf es sich konzentriert.

6. Ein Ohr beim Menschen

Dieser fünfte Punkt führt uns direkt zu den Ohren. Ein auf den Menschen gerichtetes Pferdeohr ist ein sehr gutes Zeichen. Wir werden im Laufe dieses Buches noch zu den praktischen Übungen kommen. Es sei aber vorab bereits erwähnt, dass diese kleinen Signale eine große Bedeutung in der Kommunikation zwischen Pferd und Mensch haben. Es gibt verschiedene Arten, mit dem Pferd am Boden zu arbeiten. Bei der ersten Annäherung im Roundpen ist es eines der ersten Ziele, die Aufmerksamkeit des Pferdes zu erlangen. Man schickt das Pferd mit einem Seil oder Stick weg und es wird im Kreis laufen. Hat es nun ein Ohr auf den Menschen in der Mitte gerichtet, hat es seine Aufmerksamkeit voll und ganz auf den Menschen und die Aufgabe gerichtet. Es erwartet weitere Signale, wie es sich verhalten soll. Pferde sind als Fluchttiere echte Energiesparer. Wenn es nicht nötig ist, würden sie sich lieber in ihrem Tempo fortbewegen. Treibt man es nun an, weicht es dem Druck und der Energie des Menschen und trabt los. Ein Ohr auf den Menschen gerichtet in Kombination mit gesenktem Kopf ist daher eine wunderbare Voraussetzung für eine gute Kommunikation. Es signalisiert mit diesem Verhalten deutlich: „Ich möchte keinen Ärger machen und respektiere dich. Sag mir gerne, was ich tun soll, ich höre zu". So oder so ähnlich könnte man diese Gesten übersetzen und deuten – also durchaus ein sehr erstrebenswerter Moment.

7. Frontales Anstarren

Starrt dein Pferd dich frontal an und geht es auf dich zu, ist es wichtig, auf den gesamten Körper des Tieres zu achten. Ist es angespannt und kommt es geradewegs auf dich zu, kann es als Aufforderung zum Weichen gemeint sein. Dein Pferd möchte dich zum Weggehen bewegen. Genauso kann es aber auch entspannt mit gespitzten Ohren und freundlichem Gesicht auf dich zukommen, dann ist es eine neugierige, freundliche Geste oder Begrüßung. Hier muss man ganz klar differenzieren, denn so verhält man sich umgekehrt auch. Möchte man das Pferd von sich wegschicken, macht man sich groß, schaut ihm direkt in die Augen und geht auf gerader Linie direkt auf es zu. Die meisten Pferde würden ausweichen und jede Konfrontation mit dem „Raubtier" vermeiden wollen. Geht man stattdessen entspannt und in gebogenen Linien auf das Pferd zu, wird es stehen bleiben und ebenfalls entspannt und friedlich reagieren. Man sollte sich einem Pferd also möglichst nie geradlinig und frontal nähern, meist wird es das Weite suchen. Geht man jedoch ruhig und entspannt auf das Pferd zu und dreht sich kurz, bevor man direkt bei ihm ist, leicht mit den Schultern weg, kommt es einem sogar entgegen. Dreht man seine Schultern und senkt den Blick, ist das eine Einladung an das Pferd. Es wird freundlich und ebenso höflich zum Menschen kommen.

8. Parallel stehen oder laufen

Befreundete Pferde fressen oft parallel nebeneinander. Sie laufen auch beim Spiel nebeneinander, paralleles Stehen oder Laufen signalisiert Freundschaft. Als Pferdemensch wollen wir auch Freunde unseres Vierbeiners werden. Hier ist gemeinsame Zeit sehr wichtig. Ohne Aufgabe oder Forderung von einer Seite die gemeinsame Zeit genießen, das ist ein Geschenk. Wer die Möglichkeit dazu hat, sollte auch neben dem Reiten und der Bodenarbeit einfach Zeit mit seinem Pferd verbringen. Das fördert die Bindung und das Vertrauen ungemein. Außerdem hilft es, einander besser zu verstehen und auch die Eigenarten des anderen besser deuten zu können. Sowohl für das Pferd als auch für uns Menschen gilt das. Sieht das Pferd den Menschen als Freund, ist es viel leichter, es zur Mitarbeit zu bewegen oder mit ihm zu kommunizieren.

9. Mit der Schulter schieben

Jeder Reiter hat es schon einmal erlebt. Das Pferd schiebt Sie mit der Schulter beim Führen weg oder drängt sich in den Weg. So ein Verhalten sollte man auf keinen Fall dulden, denn es heißt, dass das Pferd die Richtung bestimmt und somit führt. Es ist ein Zeichen von mangelndem Respekt, wenn das Pferd auf diese Art in die Richtung oder das Tempo des Menschen eingreift. So etwas sollte man direkt bei den kleinsten Anzeichen unterbinden. Hat ein Pferd nämlich erst einmal die Erfahrung gemacht, es muss die Führung übernehmen, wird es immer versuchen, seinen Willen durchzusetzen, und keine Rücksicht auf den Menschen nehmen. Da uns Pferde kräftemäßig weit überlegen sind, kann so ein körperliches Gerangel schnell gefährlich werden. Schon im Entstehen können solche Verhaltensweisen erkannt werden, so auch beim Putzen. Macht das Pferd einen kleinen Ausfallschritt in Ihre Richtung und weichen Sie dann aus? Schon diese minimale Bewegung zeigt dem Pferd, dass es Sie bewegen kann, also bestimmen kann, wer wohin geht. Das kann später beim Reiten zu echten Diskussionen kommen. Deshalb besser gleich klare Signale geben. Macht das Pferd einen Schritt in Ihre Richtung, schicken Sie es direkt zurück. Es mag nur ein Detail sein, es ist aber im alltäglichen Umgang und langfristig sehr wichtig, solche Grenzen schon im Kleinen zu setzen. Das muss keineswegs so energisch oder gar sehr streng sein, ein bestimmtes und ruhiges Zurückschicken reicht oft schon aus.

10. Die Hinterhand zudrehen

Dreht ein Pferd einem Menschen direkt die Hinterhand zu, ist es ein klares, letztes Warnzeichen und eine Drohung. Das erste Signal wäre das Heben eines Hufes, was jeder Reiter vielleicht schon einmal erlebt hat. Das Zudrehen der Hinterhand dagegen werden Pferde im Umgang mit dem Menschen eher selten zeigen, da sie friedliche Lebewesen sind. Sollte es doch einmal vorkommen, muss man die Ursache dafür finden. Selten ist tatsächlich der Mensch gemeint. Dieses Verhalten ist aber ganz klar gefährlich, denn das Pferd könnte austreten. Daher sollte man sehr vorsichtig sein, wenn es zu so einer Reaktion kommt. Vielleicht hat das Pferd Schmerzen und weiß sich nicht anders zu helfen? Ganz klar sollte hier die Ursache gefunden werden und es sollte nicht direkt als Unart abgetan werden, besonders, wenn das Pferd solch ein extremes Verhalten sonst nicht zeigt.

11. Schmerzgesicht

Wie eben beschrieben, haben Pferde keinen Laut für Schmerz. Das Reagieren auf Schmerz mit Verhaltensweisen, wie dem Treten oder auch Beißen, ist also nicht aggressiv gemeint, das Pferd weiß sich schlicht nicht zu helfen und möchte dem Schmerz entkommen. Es ist umso wichtiger, ein Schmerzgesicht bei seinem Pferd zu erkennen. Wie die wichtigsten Emotionen kann man auch Schmerzen am Gesicht des Pferdes am schnellsten erkennen. Die Ohren sind steif nach hinten gerichtet, über den Augen sind Sorgenfalten zu sehen, der Kiefer ist angespannt und das Maul ist fest. Die Nüstern sind oft geweitet. Ein Pferd, welches Schmerzen hat, kann man so deutlich erkennen und man sollte auch schnell die Ursache dafür finden. Ist äußerlich nämlich keine Verletzung oder Ähnliches festzustellen, muss ein Tierarzt gerufen werden. Ein Schmerzgesicht werden Pferdebesitzer beim eigenen Vierbeiner schnell erkennen können. Es ist wichtig, es nicht nur als Unmut abzutun, hier ist aufmerksames Beobachten enorm wichtig!

12. Gähnen und Kauen

Besonders beim intensiven Training können Gähnen und Kauen Beschwichtigungssignale sein. Pferde zeigen dieses Verhalten, wenn sie nach einer angespannten oder nach einer Drucksituation wieder entspannen und sich fallen lassen. Dieses Verhalten ist im Training durchaus erwünscht. Die Abwechslung zwischen Spannung und Entspannung hilft dem Pferd, mehr Losgelassenheit zu erlangen. In der Arbeit mit dem Pferd sollte man immer darauf achten, neben anstrengenden Übungen auch entsprechende Pausen für das Pferd einzubauen, in denen es das Gelernte verarbeiten kann. Das Kauen ist nämlich auch ein Zeichen, dass ein Pferd über die neue Aufgabe oder Situation nachdenkt und sich damit auseinandersetzt. Besonders in der Bodenarbeit und im Roundpen ist das Kauen ein wichtiges Zeichen. Es signalisiert dem Menschen, dass das Pferd über die Übung nachdenkt. Hat es beispielsweise eine Übung zum ersten Mal richtig gemacht und wird es dafür ausgiebig gelobt, wird es kauen. Das zeigt unmissverständlich, dass es verstanden hat, was von ihm verlangt wird. Kaut und gähnt es stattdessen während einer Übung, denkt es aktiv darüber nach, was von ihm verlangt wird. Hier kann eine kleine

Denkpause oder eine kleine Hilfe reichen, um dem Pferd zur richtigen Lösung zu verhelfen.

All diese Zeichen kann man natürlich nicht unabhängig von der Grundstimmung und Situation des Pferdes deuten. Jedes Einzelne stellt jedoch einen wesentlichen und wichtigen Punkt im gegenseitigen Verständnis dar. Wer lernt, diese grundlegenden Signale richtig zu verstehen, wird es im täglichen Umgang einfacher mit seinem Pferd haben. Natürlich war das nur ein kleiner Auszug aus dem Lexikon der Pferdesprache. Wer sein Pferd ganzheitlich verstehen will und sich ihm verständlich machen will, hat hier den richtigen Grundstein gelegt. Jeder kleine und große Pferdeflüsterer wird die eben aufgezählten, wichtigen Verhaltensweisen verinnerlichen und in vielen Situationen ein besseres Verständnis für sein Pferd entwickeln können.

Übungen

Nach diesem kleinen Exkurs in die Geschichte der Pferde und der theoretischen
Erklärung ihrer Sprache gehen wir nun in
den praktischen Teil über. Denn kein Pferdeflüsterer
hat sein Wissen ausschließlich aus Büchern. Learn-
ing by doing gilt auch in der Pferdewelt als das beste
Mittel. Ohnehin sind die Pferde die besten Lehrer,
um ihre Sprache zu lernen.

Nachdem man sich das nötige theoretische Wissen angeeignet hat, geht es daran, zu lernen, wie man
in der Praxis erfolgreich sein Wissen anwendet. Dabei ist es unerlässlich, Pferde in ihrer natürlichen
Umgebung zu beobachten. Klingt einfach, ist aber
weitaus mehr, als es scheint. Wer sein Pferd in der

Herde beobachtet, wird seinen Charakter und seine Stellung in der Gruppe schnell erkennen und sich viel besser auf das Individuum Pferd einlassen können. Viel Zeit in das Beobachten zu investieren, macht also Sinn. Vor jedem Training oder jeder Reiteinheit sollte man sich die Zeit nehmen, um von seinem Pferd lernen zu können.

Dieser Punkt wird von vielen Reitern gerne vernachlässigt. Nach dem Reiten wird das Pferd auf die Wiese gestellt und sich selbst überlassen. Es kann also nur von Vorteil sein, sich ein wenig Zeit zu nehmen. Geht es direkt zu den Herdenkollegen oder nimmt es sich Zeit für sich, um sich beispielsweise zu wälzen? Ist es ranghoch oder eher unterwürfig? Welches der anderen Pferde kann es besonders gut oder schlecht leiden? All diese Fragen geben Aufschluss über den ganz eigenen Charakter des Pferdes und helfen, die gelernten Kommunikationsmöglichkeiten so gezielt wie möglich abzustimmen. Das alles kann man erreichen, wenn man nur hinsieht.

Aber gehen wir ins Training. Viele der folgenden Übungen kann man im Roundpen oder in die Bodenarbeit einbauen. Sie dienen dazu, das Vertrauen zu stärken und die Verständigung zu fördern. Sie können vor oder nach dem Reiten eingebaut werden oder auch als Abwechslung für Mensch und Pferd

dienen. Wer sein Pferd vom Boden aus führen kann und sein Vertrauen hat, wird auch beim Reiten viele Lektionen schneller und einfacher erreichen können.

Diese Basis-Übungen kann man natürlich nur in der Praxis wirklich lernen. Sieh diese kurzen Anleitungen als Richtlinien für dein Training und gehe aber unbedingt auf das Lerntempo und den Charakter deines Vierbeiners ein. Das gemeinsame Ausprobieren wird beiden Parteien viel Freude und schnell eine gemeinsame Kommunikation möglich machen. Probiere es gerne aus!

Pferdesprache in der Praxis

Die Basis jeder Arbeit mit dem Pferd ist Vertrauen. Dieses Vertrauen kann man am ehesten aufbauen, indem man dem Tier auf Augenhöhe begegnet. Der Roundpen bietet hier die optimalen Bedingungen für diese Basis-Übung. Der berühmte Pferdeflüsterer Monty Roberts nennt diese Übung auch ‚Join-Up‘.

Damit ist der Prozess gemeint, der auf der Verständigung in einer gemeinsamen Sprache beruht, mit dem Ziel, eine Bindung auf der Basis von Vertrauen zu schaffen. Es ist wichtig, hier Schritt für Schritt vorzugehen. Das Pferd wird im Roundpen frei gelassen. Der Mensch steht in der Mitte mit nichts weiter als einem Seil in der Hand. Zwei Punkte sind für ein erfolgreiches Join-Up entscheidend:

1. Zeit spielt keine Rolle

Wir sollten uns zum Ziel setzen, einen vierbeinigen Partner zu haben, auf den wir uns zu 110 Prozent verlassen können. Um das Vertrauen hierfür zu erlangen, braucht man einfach Zeit. Will man diese Übung einmal eben nebenbei oder zwischendurch machen, wird es schwierig. In der Arbeit mit dem Pferd sollte man immer genug Zeit mitbringen, um nicht einfach abbrechen zu müssen. Besonders, wenn es am Anfang noch nicht reibungslos funktioniert, sollte die Übung keinesfalls dann beendet werden, wenn das Pferd noch selbst bestimmt, wann es was tut. Jede Übungseinheit muss richtig aufgebaut und auch beendet werden, damit das Pferd richtig lernen kann. Man sollte nur mit dem Gefühl in den Roundpen steigen, man hätte unbegrenzt Zeit. Automatisch wird man ruhiger und auch bei Fehlern gelassener reagieren. Stress oder Ungeduld sollte bei dieser direkten Arbeit mit einem Fluchttier niemals dein Begleiter sein. Dein Pferd würde deinen Stress spüren und selbst angespannt in die Übung gehen. Beide Seiten hätten es viel schwerer, zueinanderzufinden. Wichtig ist deshalb: Wer an diese Übung geht, als hätte er den ganzen Tag Zeit, wird vermutlich schnell Erfolge sehen. Denkt man aber, man müsse es in 15 Minuten schaffen, wird man wohl den ganzen Tag brauchen. Du siehst: Die innere Einstellung macht viel aus im Pferdetraining.

2.   Klare Signale senden

Pferde reagieren auf die kleinsten Veränderungen unseres Ausdrucks. Anspannung oder Entspannung nehmen sie wahr und sie deuten auch jede unserer Bewegungen. Eine klare Körpersprache ist wichtig, um die gewünschte Reaktion des Pferdes zu bekommen. Die folgende Übung ist als Einstiegsübung gut geeignet. Trotzdem ist eine gewisse Zeit nötig, um die beschriebenen Reaktionen zu bekommen. Nimm dir also Zeit und habe Geduld mit dir selbst. Die Übung kann so oft wiederholt werden, bis sie funktioniert. Dabei solltest du zwischen den Einheiten dir und dem Pferd auch immer wieder Pausen lassen.

Als Erstes drehst du dich frontal zum Pferd, machst dich groß und schickst es weg. Wenn nötig, wirst du das Seil in seine Richtung, ohne es zu treffen. Treibe es immer auf Schulterhöhe an, etwa aus dem Winkel, in dem man auch beim Longieren stehen würde. Das Pferd wird sich in Bewegung setzen und loslaufen. Treibe es weiter an und achte darauf, dass es nicht von sich aus die Richtung ändert.

Halte den Blick fest auf die Augen des Pferdes oder dessen Schulter gerichtet, es wird deine Energie spüren und weiterlaufen. Nach einiger Zeit fängt es an, den Kopf zu senken und ein Ohr auf dich zu richten? Sehr gut! Es möchte mit dir in einen Dialog treten. Jetzt kann man den Druck etwas vom Pferd nehmen, achte jedoch darauf, die Richtung beizubehalten. Einen Richtungswechsel leitet man ein, indem man den Energiefluss und die Bewegung des Pferdes stoppt.

Das passiert, wenn man vor die Schulter des Pferdes kommt. Du stehst auf der Höhe der Schulter und knapp dahinter, um das Pferd vorwärts zu schicken. Kommst du nun leicht vor die Schulter, wird das Pferd stoppen und die Richtung ändern. Dieser Punkt ist bei jedem Pferd unterschiedlich weit vorn oder hinten. Probiere dich hier gerne aus. Wenn du den Dreh einmal raus hast, wird es kein Problem, die

Richtung zu bestimmen. Erstrebenswert ist es, wenn das Pferd sich währenddessen nach innen wendet. Zeigt es dir beim Richtungswechsel die Hinterhand, ist das am Anfang normal, es sollte aber im Laufe des Trainings vermieden werden.

Mit der Hinterhand zeigt es dir nämlich auch immer seine Möglichkeit, sich bei zu viel Druck zu verteidigen. Nach innen gerichtet ist es dagegen dir zugewandt und offener. Auch das Tempo kannst du nach Belieben variieren. Nach dem ersten Druck und Wegschicken ist dein Pferd im Trab unterwegs? Sehr gut. Atme tief ein und aus und entspanne dabei deine Schultern und deinen Körper.

Nimmst du den Blick jetzt vom Pferd, wird es langsamer und sich vielleicht sogar schon zu dir wenden. Natürlich funktioniert das auch anders. Verstärkst du den Druck und machst du vielleicht sogar einen energischen Schritt auf das Pferd zu, wird es schneller oder sogar galoppieren. Hier ist Fingerspitzengefühl gefragt!

Setze dein Pferd nicht zu sehr unter Druck! Das Ziel ist immer eine möglichst entspannte Atmosphäre. Das Pferd soll bei dieser Übung nicht einfach herumgescheucht werden, sondern deutlich auf deine Signale reagieren. Tempo und Richtung bestimmt der Mensch und somit auch, wie gestresst oder entspannt das Pferd ist. Sei dir dieser Verantwortung, auch im Sinne der Sicherheit, bewusst.

Auch bei dieser Übung gilt: Vorstoß und Rückzug. Gönne deinem Vierbeiner immer wieder Pausen, ohne viel Druck, zum Nachdenken. Fängt das Pferd nun an, zu kauen und den Kopf immer wieder zu senken, hat es dich als führenden Part anerkannt und ist gerne bereit, dir zu folgen.

Nimm nun den Druck heraus und senke den Blick. Als Nächstes wendest du deine Schultern parallel zum Pferd und drehst dich dann leicht mit dem Rücken zu ihm. Wendet es den Kopf nach innen und spitzt die Ohren in deine Richtung, hast du viel erreicht! Es denkt bereits darüber nach, dir zu folgen, und möchte Teil deiner „Herde" sein. Wenn du nun langsam vom Pferd weggehst, wird es dir im optimalen Fall folgen. Du kannst dann beliebig Tempo und Richtung ändern und dein Pferd wird dir folgen. Zur Belohnung streichelst du es zwischen den Augen.

Diese, hier kurz dargestellte Übung des Join-Up funktioniert genauso. Natürlich bedarf es Übung bei Pferd und Mensch, die Signale des anderen richtig zu deuten, aber denke daran: Es ist noch kein Pferdeflüsterer vom Himmel gefallen. Kleine Fehler in deiner Körpersprache wird dir dein Pferd direkt spiegeln.

Bist du gestresst, wird dein Pferd dich nicht für voll nehmen oder sogar selbst in Stress verfallen, lernen wird dann schwierig. Bist du zu ungenau in deinen Forderungen, wird das Pferd Tempo und Richtung selbst bestimmen und seine Aufmerksamkeit anderen Dingen schenken.

Achte also genau auf jedes Signal deines Vierbeiners, niemand kann dir besser sagen, was funktioniert und was nicht. Ist das erste Join-Up geglückt, ist der Grundstein des Vertrauens gelegt und jede weitere Übung baut auf einem guten Fundament auf. Wiederhole diese Übung gerne immer dann, wenn es Momente und Zeiten gibt, in denen das Pferd gar nicht verstehen will oder du in einem anderen Bereich, wie beim Reiten Probleme, hast.

Die Arbeit im Roundpen kann Missverständnisse schneller aus dem Weg räumen, als man denkt. Man lernt als Mensch hier direkt, was man falsch macht, und kann an seiner Körpersprache arbeiten, dank des unmittelbaren Feedbacks vom Pferd.

Bodenarbeit

Neben der Arbeit im Roundpen ist die Bodenarbeit eine wunderbare Möglichkeit, um die Kommunikation mit dem Pferd zu üben und das gegenseitige Vertrauen zu stärken. Als Grundregel kann man sagen: Alles, was in der Bodenarbeit gelernt wird, erleichtert das Reiten enorm! Die Arbeit an der Hand und vom Boden aus ist eine sinnvolle Möglichkeit, dein Pferd zu trainieren und zu gymnastizieren.

Mit wenigen Hilfsmitteln kann das Pferd sich freier bewegen und genauer auf die Signale seines Menschen reagieren. Hat ein Pferd eine Übung erst einmal vom Boden verstanden, ist es aus dem Sattel ein Leichtes für beide Seiten. Als Einstieg in die

Bodenarbeit sind vier Übungen besonders wichtig. Diese werden im Folgenden vorgestellt und können das Vertrauen und die Bindung zu deinem Pferd stärken.

Beginnen wir mit der Ausrüstung. Um die besten Voraussetzungen zu haben, braucht man erst einmal nicht viel: Ein Halfter, egal, ob Knoten- oder Stallhalfter, ein längerer Strick und eine Gerte oder ein Stick reichen völlig aus. Es sei aber erwähnt, dass man mit einem Knotenhalfter viel feiner arbeiten kann. Durch die Knoten am Halfter wirken die Impulse viel direkter und man kann so feinere Signale geben. Auch ein längerer Strick von mindestens zwei Metern, besser mehr, ist hilfreich, um dem Pferd die nötige Bewegungsfreiheit zu geben und selbst auch mehr Raum zu haben.

1. Führen

Ein Pferd zu führen scheint die leichteste aller Übungen zu sein. Es ist jedoch weitaus mehr, als ein Pferd von A nach B zu bringen. Es steckt mehr dahinter, besonders Körpersprache und Kommunikation können so im alltäglichen Umgang geübt werden. Bevor es losgeht, sollte man vor dem inneren Auge eine klare Vorstellung von der Übung haben. So kann man dem Pferd klarer zeigen, was man von ihm möchte. Beim Führen sollte sich dein Pferd mit der Nase ungefähr auf der Höhe deiner Schultern befinden. Beginne auf der linken Seite des Pferdes, da dies meist die gewohnte Seite ist.

Beim Losgehen baust du eine Spannung in dir auf und zeigst mit der Hand in die Richtung, in die es gehen soll. Das Pferd sollte den ersten Schritt machen. Dabei sollte es nicht nötig sein, am Strick zu ziehen oder zu zerren, das Pferd soll freiwillig folgen ohne Zwang. Das Seil greift man circa 50 Zentimeter unter dem Halfter, der Rest liegt in der linken Hand. Reagiert das Pferd nicht, kann man es leicht mit dem Ende des Strickes oder der Gerte antreiben. Sollte es immer noch nicht loslaufen, tippe es mit der Gerte hinten an. Diese Übungsschritte sollte man nur anwenden, wenn das Pferd bei der ersten Aufforderung nicht reagiert. Nach jeder Verstärkung des

Drucks braucht das Pferd Zeit, nachzudenken, diese sollte man ihm geben, um sein Pferd nicht zu überfordern. Timing ist hier besonders wichtig, man lernt aber auch mit der Zeit, was wann angebracht ist. Geht das Pferd gemeinsam mit dem Menschen los, sollte es ausgiebig gelobt werden. Auch beim Gehen sollte das Seil locker in der Hand liegen. Manche Pferde neigen dazu, ihren Menschen zu überholen. Man sollte also unbedingt darauf achten, dass es mit der Nase auf Schulterhöhe bleibt. Übertritt es diese Grenze, kann man es mit dem Stick vorn begrenzen.

Auch der Richtungswechsel gehört zum Führen und sollte ohne Ziehen und Zerren funktionieren. Auch hier kommt es, wie beim Antreten, auf Körpersprache an. Man sollte sich vorher den Weg im Kopf ausmalen. Will man nach links abbiegen, dreht man sich auch in diese Richtung, und zwar sehr deutlich, damit es dem Pferd klar wird. Folgt es nicht direkt, kann man leichten Druck aufs Halfter geben. Auch hier sollte die letzte Möglichkeit der Stick oder die Gerte sein, es ist wichtig, dem Pferd immer Zeit zum Folgen zu geben.

Um nach rechts abzubiegen, ist ebenfalls die Körpersprache das erste Mittel. Hier steht das Pferd zwischen dir und dem Weg. Auch hier dreht man sich in die gewünschte Richtung und kann diese

Bewegung nutzen, um das Pferd aufmerksam zu machen. Weicht es nicht in die entsprechende Richtung, kann etwas Druck auf das Seil aufgebaut werden. Auch hier sollte mit so wenig Druck wie möglich und nur so viel wie nötig gearbeitet werden.

Auch beim Anhalten setzt man zunächst die Körpersprache ein. Man nimmt die Spannung aus seinem Körper, atmet aus und bleibt dann stehen. Läuft das Pferd weiter, kann es mit dem Seil gestoppt werden und dazu bewegt werden, ein paar Schritte rückwärts zu treten. Der Druck sollte bei allen Übungen so gering wie möglich gehalten werden, damit das Pferd mit der Zeit lernt, nur auf die Körpersprache des Menschen zu reagieren.

2. Rückwärtsrichten

Das Rückwärtsrichten erfolgt am Anfang von vorne. Frontal vor dem Pferd fängt man zunächst an, den Nasenrücken zu streicheln. Dann legt man die Hand auf den Nasenrücken so, dass erst einmal nur die Finger das Fell berühren. Diese feine Berührung sollte am Ende reichen, damit das Pferd zurücktritt. Man sollte hier wieder genug Zeit geben, um das Pferd reagieren zu lassen. Dann erhöht man den Druck etwas – so lange, bis es einen Schritt zurückmacht. Dann den Druck sofort lösen und ausgiebig loben! Der Ansatz oder ein Schritt reichen anfangs schon aus, um dem Pferd deutlich zu machen, was man von ihm erwartet. Die Dosierung des Drucks erfolgt auch bei dieser Übung über mehrere Stufen.

Die erste Stufe ist die Berührung des Fells, dann kommt die Berührung der Haut. Reagiert es dann noch nicht, dringt man zu den Muskeln des Pferdes und schließlich bis zu seinen Knochen hervor. Dies gilt nicht nur für den Kopf, sondern auch für alle anderen Körperteile des Pferdes.

Hält man sich immer an die Abfolge dieser Druck-Stufen, wird das Pferd von allein lernen, auf die feinste Anfrage zu reagieren. Macht es schließlich zuverlässig einen Schritt rückwärts, kann man die Schritte erhöhen. Am Ende sollte es das Ziel sein, das Pferd kaum mehr berühren zu müssen, damit es rückwärtsgeht.

3. Vorder- und Hinterhand weichen

Wir können nun schon losgehen und das Pferd rückwärts richten. Bei der Kommunikation mit dem Pferd geht es auch bei der Bodenarbeit darum, wer wen bewegt. Diese Übungen stärken so spielerisch auch die Position des Menschen als „Herdenchef" und geben dem Pferd Sicherheit und Vertrauen. Nun ist es wichtig, nicht nur das ganze Tier, sondern auch seine einzelnen Beine bewegen zu können. Die Vorhand des Pferdes, also seine Schultern und Vorderbeine, können separat verschoben werden. Weicht ein Pferd mit seiner Vorhand, hat es Respekt und Achtung vor dem Menschen. Die Hinterhand ist dabei genauso wichtig. Die Hinterbeine sind die Waffen eines Pferdes. Wenn es die Hinterhand verschieben lässt, vertraut es dem Menschen seine Verteidigung an.

Um es für Pferd und Mensch leichter zu machen, beginnt man diese Übung an der Vorhand. Das Prinzip ist das Gleiche wie beim Rückwärtsrichten, der Punkt ist hier nur die Schulter des Pferdes. Zunächst streichelt man die entsprechende Stelle wieder. Dann legt man die eine Hand auf die Schulter und die andere an den Hals des Pferdes. Nun fängt man wieder an, Stück für Stück mehr Druck aufzubauen. Sobald es einen Ansatz dazu zeigt, zu weichen, lässt der Druck sofort nach und man sollte sein Pferd loben. Hier greift das gleiche Prinzip wie generell beim Pferdetraining: So wenig Druck wie möglich, so viel wie nötig. Pferde sind als Fluchttiere darauf aus, so wenig Druck und Stress wie möglich zu haben. Es liegt also in ihrer Natur, auf Druck zu weichen.

An der Hinterhand funktioniert die Hilfegebung genauso, nur, dass entsprechend Druck auf die

Flanke des Pferdes ausgeübt wird. Klappt diese Übung, reicht meist schon ein Blick auf die Hinterhand des Pferdes, um es weichen zu lassen. Das erklärte Ziel all dieser Übungen ist es, so weit wie möglich ohne jeglichen Druck auszukommen. Pferde sind sensibel genug, auf Blicke und Körperspannung zu reagieren, wenn man ihnen zeigt, dass man ihre Sprache versteht und sich entsprechend deutlich machen kann.

4. Übertreten

Das Übertreten ist eine Erweiterung des Vor- und Hinterhandweichens. Die Hilfen sind die Gleichen. Beim Übertreten ist es aber wichtig, dass das Pferd mit dem inneren Bein über das Äußere tritt. Arbeitet man also beispielsweise an der rechten Hinterhand, soll das rechte Hinterbein vorne über dem linken Hinterbein entlang kreuzen. Der linke Huf setzt also rechts neben dem rechten Hinterhuf auf. Diese Übung ist gymnastizierend und fördert die Balance des Pferdes. Das Pferd muss sich auf die einzelnen Schritte konzentrieren, um nicht das Gleichgewicht zu verlieren. Beim Kreuzen der Vorhand ist es nicht anders. Diese Übung braucht etwas Geduld, da auch das Pferd erst lernen muss, seinen Schwerpunkt entsprechend zu verlagern. Ziel ist es auch hier, am

Ende ohne Druck und ohne Hilfsmittel das Pferd zum Weichen und Kreuzen der Hinterbeine zu bringen.

Wer diese vier Basis-Übungen mit seinem Pferd beherrscht, hat einen wichtigen Schritt in der Pferdekommunikation gemacht. Jede dieser Übungen lässt sich beliebig erweitern und sollte je nach Können und Lernerfolg des Pferdes angepasst werden. So kann man sein Pferd durch einen Slalom führen, dabei Vor- und Hinterhand verschieben und beliebig variieren. Ein Pferd, das Spaß an der Bodenarbeit hat, wird auch viel leichter von der Weide zu holen sein.

Halfter und Strick bedeuten dann nämlich Spaß und Abwechslung anstatt Arbeit. Als Reiter sollte man immer darauf bedacht sein, die Zeit mit dem Pferd so angenehm wie möglich zu gestalten. Bietet man neben dem Reiten auch Bodenarbeit an, wird sich das positiv auf die gemeinsame Bindung auswirken. Dabei sollte die Bodenarbeit, genauso wie die Arbeit im Roundpen, als Basis für jede weitere Arbeit mit dem Pferd dienen. Erst, wenn die Kommunikation mit dem Pferd in der Bodenarbeit funktioniert, sollte man sich in den Sattel setzen. Für die Beziehung zum Partner Pferd ist diese Arbeit

unerlässlich. Jede der vier Übungen kann auch erweitert werden. Wendungen über Stangen oder rückwärts durch Fahnen zu gehen, ist für jedes Pferd eine Herausforderung und fördert das Vertrauen dem Menschen gegenüber.

Spielerische Arbeit und Übungen sind ein einfaches und effektives Mittel, um das gegenseitige Verständnis und Vertrauen zu stärken. Viele Reiter sehen die Bodenarbeit als Abwechslung oder Ersatztraining bei Verletzungen des Pferdes an, es sollte aber vielmehr Raum im alltäglichen Training einnehmen. So oft, wie man reitet, sollte man mit seinem Pferd auch vom Boden arbeiten.

Das Prinzip der Bodenarbeit, wie in den vier Übungen beschrieben, basiert auf mehreren Stufen, die das Pferd sensibler machen sollen. Druck bekommt es nur, wenn es nicht reagiert. Die Belohnung besteht aus Pausen für das Pferd oder Streicheleinheiten. Dieses Belohnungsprinzip ist eines der artgerechtesten für das Pferd. Folgt es dem Menschen und denkt mit, hat es ein angenehmes Training ohne Stress. Druck und Stress hat es nur, wenn es die Zusammenarbeit verweigert. Besonders beim Join-up im Roundpen wird dies deutlich. Möchte das Pferd schließlich mit dem Menschen arbeiten, lässt der Druck nach und es bekommt seine Pause.

Dieses einfache Prinzip entspricht der Natur der Pferde. Es gibt je nach Charakter und Erziehung des Pferdes aber auch verschiedene Möglichkeiten, sein Pferd zu belohnen. Clickern ist eine Möglichkeit. Statt langen Streicheleinheiten wird jedes Mal, wenn das Pferd etwas richtig macht, mit dem Clicker geklickt. Das Pferd wird im Laufe des Trainings auf den Ton konditioniert. Es weiß dann, dass es etwas richtig gemacht hat.

Auch Leckerlis sind beliebt als Belohnung. Hierbei sollte aber unbedingt der Charakter des Pferdes berücksichtigt werden. Neigt ein Pferd dazu, zu schlingen und beim Fressen aggressiv zu sein, sollte darauf im Training verzichtet werden.

Ein Pferd, welches nur an Leckerlis interessiert ist, kann sich schlechter auf die Übung konzentrieren und das kann sogar gefährlich werden. Wenn es zu aufdringlich wird, um an ein Leckerli zu kommen, kann ein Mensch schnell in Bedrängnis kommen. Hier sollte man klare Grenzen ziehen. Die Übungen sind also auch dafür geeignet, einem Pferd solche Verhaltensweisen abzugewöhnen. Wichtig ist hierbei Konsequenz. Futterzeit und Trainingszeit sollten klar getrennt sein.

Bei all den Übungen und Fakten rund ums Pferd steht seine Natur und Kommunikation im

Vordergrund. Eines der größten Missverständnisse zwischen Menschen und Pferden ist, dass moderne Reiter dazu neigen, das Pferd als Sportgerät zu sehen oder es zu sehr zu vermenschlichen, ihm also menschliche Gefühle und Eigenschaften zuordnen, die sie als Flucht- und Herdentier nicht haben. So wird kein Pferd aus böser Absicht handeln.

Es folgt seinem Menschen nicht, weil es ihn nicht leiden kann, sondern, weil es ihm nicht vertraut oder ihn nicht respektiert. Bei jedem Training wird es Momente geben, wo die Übungen nicht funktionieren oder es scheint, als habe das Pferd alles Gelernte vergessen. Höhen und Tiefen sind aber völlig normal und sollten keinen Reiter entmutigen. Jeder Fehler ist auch ein Fortschritt. Die Pferdesprache lernt man durchs Ausprobieren und Erleben.

In diesem kleinen Ratgeber haben wir die grundlegenden Eigenschaften und Verhaltensweisen der Pferde gelernt und einen Exkurs in ihre Geschichte gemacht. Erste praktische Übungen helfen, die Vokabeln der Pferdesprache zu verstehen und anzuwenden. Die Pferdesprache zu lernen ist ein Prozess und braucht viele Jahre, um die Feinheiten zu verstehen, es lohnt sich aber.

Wer neben dem Reiten auch Zeit mit seinem Pferd verbringt und die Beziehung durch Bodenarbeit aufwertet, wird eine engere und bessere Bindung zu seinem Pferd bekommen. Auch beim Reitunterricht ist darauf zu achten, dass neben dem Reiten auch Übungen in der Bodenarbeit angeboten werden. Pferde zu verstehen, findet nämlich hier statt, auf der Weide, im Roundpen oder an der Hand und weniger auf dem Sattel. Feines Reiten fängt am Halfter an.

„Der kleine Pferdeflüsterer" ist als Grundlage zu verstehen und hat dem ein oder anderen Pferdefreund hoffentlich die richtigen Tipps und Tricks mit an die Hand gegeben, um mit dem Pferd besser kommunizieren zu können. Die Übungen sind als Richtlinien zu verstehen und das Pferd ist immer als Individuum zu verstehen. So werden einige Übungen besser oder schlechter bei jedem einzelnen Pferd funktionieren.

Die Basisübungen sollten auf den jeweiligen Charakter und Ausbildungsstand des Pferdes immer angepasst werden. Mensch und Pferd sollen als Partner eine gute Zeit miteinander haben. Leistungsdruck oder Stress sollten von keiner Seite eine Rolle spielen. Ein entspanntes Miteinander ist die Grundvoraussetzung, die auf den letzten Seiten auf verschiedene Art und Weise im Fokus stand – sei es durch

praktische Übungen oder theoretisches Hintergrundwissen rund um die Pferdesprache.

All diese Dinge helfen im Alltag enorm. Wenn man sich auf die Natur der Pferde einlässt, wird man die Welt irgendwann wie sie sehen können. Seine eigene Sichtweise zu erweitern und Neues zu lernen sind wesentliche Voraussetzungen, um die Pferdesprache zu verstehen. Ich wünsche jedem Pferdefreund, diese Erfahrung einmal mit seinem Pferd machen zu können und zu erleben, was es heißt ein „Pferdeflüsterer" zu sein – ein Mensch, der es erreichen kann, seinem Pferd auf Augenhöhe, als gleichberechtigter Partner zu begegnen.

Herstellung und Verlag:
BoD – Books on Demand, Norderstedt
ISBN: 9783751972482

© Mareike Friese 2020
1. Auflage
Kontakt: Psiana eCom UG/ Berumer Str. 44/ 26844 Jemgum
Covergestaltung: Fenna Larsson
Coverfoto: depositphotos.com